UN MOT

AU MINISTÈRE.

15 MAI 1838.

PARIS,

G.-A. DENTU, IMPRIMEUR-LIBRAIRE,

PALAIS-ROYAL, GALERIE VITRÉE, Nº 13;

et rue des Beaux-Arts, nos 3 et 5.

M D CCC XXXVIII.

ril. Ceux mêmes qui avaient intérêt à cacher la lumière ne voient plus leur chemin. L'Écriture nous l'a dit : *Quand un aveugle conduit un autre aveugle, ils tombent tous les deux dans la fosse.* Dans cette situation, c'est un devoir pour tout citoyen qui aime la patrie avant tout, de chercher la vérité de bonne foi, de se dépouiller de toute prévention, de toute passion de parti. Il doit être consciencieux et impartial, juste et modéré, s'efforcer enfin de juger sainement les faits, les choses et les hommes.

L'amour de la patrie enfante tout ce qu'il y a de beau, de grand, de durable, de vrai et d'héroïque : l'aimer, c'est vouloir son salut, et c'est quelquefois en l'éclairant qu'on y travaille aussi utilement qu'en versant son sang pour elle ; chaque chose a son temps.

Nous désirons que nos lecteurs veuillent bien se placer un moment dans la situation d'impartialité et de bonne foi où nous nous plaçons pour écrire. C'est l'intérêt du pays que nous cherchons franchement et sans arrière pensée ; aussi, en disant ce que nous croirons utile , tâcherons - nous de nous exprimer avec une extrême réserve ; nous ne voulons blesser aucune opinion, aucune position ; nous éviterons tout retour sur un passé qui n'appartient plus à personne , nous ne discuterons même pas le principe du pouvoir, dans ce qui tient au droit qui l'a fondé, non que nous craignions d'affronter des lois rigoureuses, nous l'avons fait quand nous l'avons cru utile ; mais aujourd'hui nous voulons éviter d'aigrir les esprits, car il nous importe de leur laisser tout le calme, toute la liberté de leur jugement. Nos opinions d'ailleurs sont assez connues pour que toute profession de foi soit inutile : aussi prendrons-nous les évènemens tels qu'ils sont, cherchant à tirer de la position le meilleur parti dans l'intérêt de tout le monde.

Nous rendrons aux hommes qui ne sont pas de notre opinion, la justice qui leur est due. Aussi répétons-nous simplement avec ceux qui ont aujourd'hui le sceptre en main, qu'au moment de la révolution de juillet, « ils n'ont accepté ce pouvoir que parce

« qu'ils s'y sont vus forcés par les circons-
« tances ; » ils disent encore que « c'est du
« peuple qu'ils ont reçu la couronne ; » là
précisément gît toute la difficulté.

Nous ajouterons que la puissance étant
venue, de son aveu même, d'un fait extraor-
dinaire, *extra-légal*, comme l'a dit M. Guizot, elle ne s'est plus trouvée dans la con-
dition des pouvoirs qui sont nés d'un droit
antérieur et d'un ordre régulier de succes-
sion : la même façon d'agir ne lui était plus
ni permise ni possible ; et en reconnaissant
la souveraineté du peuple, elle renonçait
de fait à gouverner d'après le principe de
la souveraineté du roi.

Examinons les conséquences de cette situation.

En déclarant que le trône était vacant en
fait *et en droit*, la Charte consacrait le droit
de l'insurrection, qui avait fait vaquer le
trône.

En établissant un roi héréditaire, la Charte
posait le principe monarchique dans le gouvernement.

Il y avait donc dans la Charte deux principes en présence : le principe de souveraineté du peuple et le principe monarchique.

Le peuple pouvait se croire autorisé par la Charte à dominer le gouvernement.

Le chef du gouvernement, investi d'un titre royal, pouvait se croire autorisé à exercer la suprématie inhérente à l'idée de la royauté.

La souveraineté du peuple ne tarda pas à produire les émeutes et les barricades. Les intérêts s'alarmèrent ; la classe marchande s'exalta au niveau des dangers qui menaçaient les propriétés ; les Chambres, composées de propriétaires, se trouvèrent dès lors disposées à fortifier le pouvoir pour lui donner les moyens de résister à la révolution.

Le système de résistance naquit de ces dispositions. Un ministère se forma pour lutter contre la république, devenue imminente. Ce ministère fut un seul homme, et cet homme était Casimir Périer.

Casimir Périer avait les qualités et les défauts qu'il fallait aux circonstances : homme d'un grand caractère, de beaucoup d'énergie et d'une certaine sagacité qui, dans les situations fausses, supplée à la justesse d'esprit. Il comprit que la révolution de juillet portait en elle un vice radical, que le principe de la souveraineté du peuple, pris dans un sens absolu, devait finir par dévorer le pouvoir fondé par elle, et que loin de produire des libertés, il devait conduire tôt ou tard au despotisme par la licence. Sans doute il aimait la liberté, mais il avait horreur de l'anarchie, comme citoyen et comme ministre; il osa la regarder en face, et la combattre franchement; enfin, il imposa des limites matérielles au flot populaire, et en cela Casimir Périer a servi la société; et comme toute action politique doit s'appuyer sur un raisonnement, il essaya de formuler un thême pour pallier l'inconséquence de sa résistance au principe qu'il avait reconnu; il déclara que la révolution était *légitime*, parce qu'elle avait été une défense contre l'*agression* de Charles X; qu'ainsi la Charte avait eu raison de déclarer que le trône était vacant *en droit*. Mais en même temps il soutint que la souveraineté du peuple s'était épuisée en produisant une Charte et un gouvernement nouveau, et que ce gouvernement devait exercer l'autorité que cette Charte déterminait.

Ce système était habile; mais on ne peut se dissimuler qu'il était d'autant meilleur que ceux qui le proclamaient avaient les moyens matériels d'empêcher la contradiction.

Quoi qu'il en soit, tous les intérêts qui, nés de la révolution, en redoutaient les conséquences, s'empressèrent de l'adopter; et il y eut dans le Parlement, dans le jury et dans la milice armée, un concours imposant et énergique pour défendre le pouvoir sur le terrain qu'on lui avait fait.

Cependant un si grand effort dépassa la portée des forces physiques du ministre qui l'avait tenté; Casimir Périer mourut à la peine, mais il laissa le gouvernement dans une situation meilleure, et les intérêts d'ordre encouragés par le succès d'une tentative qui avait été désespérée, prêtèrent à ses successeurs un appui qui suppléait par son énergie à l'infériorité de leurs talens.

Un maréchal, cependant, rendit un grand service en créant une armée, et en rétablissant avec une main de fer la discipline ; ce fut le maréchal Soult : hommage et reconnaissance pour le service éminent qu'il a rendu à la société. Avant lui et après lui les doctrinaires furent appelés à continuer le système de résistance ; mais, moins consciencieux dans leur politique, ils conçurent la pensée de profiter des agressions de l'émeute pour fonder le despotisme monarchique à l'aide de la législation. Ils forcèrent tous les ressorts du pouvoir, et inquiétèrent les intérêts généraux que Casimir Périer avait rassurés : la révolution, vaincue dans les rues, conspira, et les complots servirent de prétexte pour demander et obtenir des lois plus rigoureuses et plus énormes, qui augmentèrent l'irritation des partis et les inquiétudes de tous.

Le pouvoir, armé de toutes ces ressources, se dit qu'il devait protéger la société en se défendant lui-même ; il promit à l'étranger de fermer l'antre des révolutions, et d'étouffer dans son germe cet esprit révolutionnaire dont il ne voulait plus, et qu'il n'avait toléré un moment que comme un marche-pied nécessaire pour monter sur le trône. L'étranger accueillit ses efforts avec un rire sardonique, et il resta l'arme au bras ; la France, moins indépendante et moins fière que sous la restauration, fut outragée dans sa dignité ; force fut au pouvoir de dissimuler et de souffrir ce qu'il n'avait ni l'énergie ni les moyens de réprimer. Enfin, la révolte vaincue fut jugée et condamnée, non sans léser les formes de la justice ordinaire, et un cri de victoire retentit au sein de l'Europe attentive. Le pouvoir crut avoir triomphé de toutes les difficultés, et c'est là véritablement que devaient commencer ses plus grands embarras ; il avait usé et repoussé successivement tous les hommes qui l'avaient aidé à saisir la puissance ; il resta isolé, mais tranquille, et sa sécurité fut un danger.

En effet, n'ayant plus, pour soutenir le système d'intimidation, les motifs d'intérêt public qui l'avaient fait établir, la société se fatigua d'être troublée par un système dont la nécessité devenait chaque jour plus douteuse.

C'est dans ces circonstances que naquit le ministère de M. Molé.

Ennemi de l'anarchie, par caractère comme par conviction, ce ministre comprit qu'il était temps de rassurer la société, d'étouffer les haines, et de faire honte aux partis d'un crime que repoussent également l'époque et le caractère français : il voulut et donna l'amnistie ; mesure qui, bien qu'incomplète dans son exécution, eut d'immenses et profonds résultats. Il pacifia ainsi les esprits, et dégagea la personne du prince qu'il servait, de la prison chaque jour plus étroite où la conspiration l'avait relégué.

Le début de ce ministère fut donc marqué par un de ces actes qui ouvrent les cœurs à l'espérance. Il faut le dire à l'honneur de M. Molé : ce que ses prédécesseurs avaient jugé impossible, il le fit avec succès ; il a **eu** la gloire très-rare de croire à la générosité de l'esprit français, et de savoir que les animosités qui s'enveniment par la défiance, s'évanouissent devant la confiance.

Cela, nous le répétons, est honorable pour le caractère du ministre qui osa briser ainsi toutes les traditions de ses prédécesseurs.

Mais le bon effet même de cette mesure devait changer la situation du pouvoir, et faire apparaître les véritables dangers.

En déclarant que le peuple ne pouvait exercer la souveraineté, parce qu'il était censé l'avoir épuisée en constituant les nouveaux pouvoirs, on reconnaissait que cette souveraineté était dans le Parlement, qui représente, fictivement du moins, la volonté nationale. Or, comme la Chambre avait fait la royauté nouvelle, changé la pairie, modifié la Charte ; la Chambre était réellement, si ce n'est nominalement, le suprême pouvoir de la société nouvelle ; et comme les électeurs nomment et instituent la Chambre, il s'ensuit que, logiquement, la source de l'autorité souveraine est dans le vœu des électeurs.

Les émeutes et les complots étant finis, il devait donc arriver que toute crainte de violences et de désordres ayant disparu, les principes de juillet et d'août se retrouveraient en pleine vigueur dans le Parlement, et que rien ne pourrait plus s'opposer à leurs développemens, parce qu'il n'existe pas de pouvoirs légaux hors des pouvoirs parlementaires ; par conséquent, nulle barrière, nul obstacle ne pouvait être opposé à la Chambre élective, ayant mandat de ses électeurs pour réaliser des améliorations d'intérêt public.

Devant de tels faits, l'intérêt particulier de ce qu'on nomme *la dynastie* ne peut prévaloir, quand il n'est pas en harmonie avec le mandat électoral. Cet intérêt avait été favorisé par les tentatives de l'émeute, parce qu'on ne pouvait alors compter avec lui ; il fallait, sous peine d'anarchie, lui donner tout l'or, toutes les libertés qu'il demandait : mais maintenant on avait le droit et le loisir d'examiner toutes ses demandes, et, sur un grand nombre de points, ces demandes ne s'accordaient pas avec l'intérêt général.

Ainsi, l'intérêt du pouvoir investi d'un titre royal, c'est d'exercer l'action de la royauté telle qu'elle est comprise dans les monarchies de droit héréditaire. Dans ces

Etats, la royauté a une cour : il lui en faut une ; la royauté a des dignitaires brodés, titrés et décorés, il lui en faut ; la royauté a de grandes influences territoriales ; il lui faut des apanages ; la royauté règne et gouverne, il veut régner et gouverner.

Ces idées, qui naissent naturellement du titre qu'on a donné au gouvernement de 1830, se trouvent en contradiction avec d'autres idées qui naissent aussi de la constitution de ce gouvernement, et des évènemens qui ont amené la révolution. Ainsi la Chambre, même sous la branche aînée, prétendant empêcher le roi de gouverner, le refus de concours des 221, et la révolution de juillet, ont eu pour but de placer la direction suprême dans l'assemblée élective. Il n'est pas possible de croire que la Chambre abdiquera cette prétention après le triomphe de 1830, après qu'elle a renversé trois rois légitimes pour la réaliser, et qu'elle a changé la Charte et nommé un roi nouveau pour la mettre hors de contestation.

Il résulte de tout cela que le titre *royal*

donné en 1830 à la branche d'Orléans, ne peut préjudicier à la suprématie gouvernementale de la Chambre ; que c'est la Chambre qui doit faire les ministres, que le président du ministère doit être un *président réel* et non fictif, et que le mandat des électeurs doit devenir à chaque renouvellement le programme du gouvernement.

Tel est l'intérêt du pouvoir parlementaire. On voit qu'il est opposé à l'intérêt de la cour, qui veut obstinément prendre le titre *royal* au pied de la lettre.

Outre cette contradiction d'intérêt qui est une source de conflits entre les pouvoirs politiques, il y a aussi sur plusieurs points une dissidence entre l'intérêt particulier de la famille régnante et l'intérêt de la France. Nous n'indiquerons pas ces points, délicats à toucher ; nous dirons seulement que la *conversion* de la rente, qui lèse les rentiers, presque tous Parisiens, mais qui soulage les contribuables, en est un exemple.

Il résulte de cette opposition d'intérêts, que le pouvoir a fait une faute immense en dissolvant la Chambre dernière, qui avait encore deux années à vivre. Convoquer une Chambre nouvelle, quand les dangers de l'émeute étaient passés, c'était laisser la parole au mandat des électeurs.

Ce fut une autre faute, quand les élections ont été terminées, de ne pas modifier le ministère dans le sens du centre gauche, et nous ne concevons pas que M. Molé, si éclairé et si judicieux, ait pu la commettre. Peut-être y a-t-il vu un danger.

On dit : « Le mouvement du centre gauche nous mène par la gauche au triomphe de la démocratie ; devons-nous céder ? devons-nous compromettre la société toute entière ? » Nous ferons une autre question : Pouvez-vous lutter ? Si vous ne pouvez pas lutter, et si vous ne devez pas céder, où en êtes-vous ? Comment sortirez-vous de ce cercle vicieux ?

Aujourd'hui, la république des rues est anéantie, l'ordre extérieur est partout, les bienfaits de la paix se sont fait sentir, l'industrie a pris un accroissement presque effrayant, d'immenses fortunes insultent aux ruines de celles qui s'écroulent : mais le commerce se plaint, l'agriculture est en souffrance ; et si les propriétaires se taisent, ils s'effraient d'une situation forcée et d'un intérêt élevé qui les ruine. Le gouvernement se contente d'aller au jour le jour, et il s'appuie sur les hommes à argent, comme si toute leçon devait être inutile, et qu'il eût déjà oublié que les hommes à argent paient et font des révolutions, et possèdent cette cassette infernale qui, semblable à l'antre d'Eole, peut, en s'ouvrant, souffler tous les vents et organiser les tempêtes.

Non, la république n'est plus sur la place publique; mais elle a passé dans la Chambre, qui veut en résumé prendre en main le sceptre, et anéantir de fait le pouvoir. La Chambre veut ressaisir une autorité qu'elle regarde comme une véritable usurpation de la part du pouvoir; tout est remis en question; et le pouvoir ébranlé, affaibli par les discussions comme par les échecs successifs qu'il subit, montre, malgré lui, une hésitation et une incertitude qui usent le peu de force qui lui reste.

Cette lutte, maladroitement engagée avec la Chambre, porte son fruit, et chaque jour le pouvoir se déconsidère un peu plus. Il ne s'est pas senti assez fort pour s'expliquer nettement en essayant de résister ; il a hésité, cédé, louvoyé ; rien ne lui a réussi, et la partie devient insoutenable et menaçante ; chaque loi apportée est pour lui l'occasion d'une nouvelle défaite.

Le ministère Molé pouvait faire concevoir des espérances pour l'avenir ; pourquoi ont - elles cessé de se réaliser ?... C'est que la situation est impossible pour tous, et que même les meilleures intentions ne suffisent pas pour sortir d'un labyrinthe sans issue ; c'est ce que nous essaierons de démontrer.

Plus que personne, nous comprenons son embarras. Des difficultés ne sont rien pour le caractère et l'habileté ; mais contre l'impossible, le caractère même et le talent ne peuvent rien.

Rien n'est possible que ce qui est dans l'ordre des choses ; et ce qui n'est pas consenti et justifié par la raison, serait impossible à Dieu lui-même, raison immuable et éternelle. Un fait emporte toujours avec lui ses conséquences, plus ou moins immédiates; et c'est en vain que l'on s'efforcerait de lutter contre le torrent qui nous entraîne. Ce torrent, renfermé dans son lit, n'effraie plus ses rives; mais il emportera le pouvoir placé contre son cours : cette catastrophe est imminente, si l'on ne revenait à ces principes conservateurs qui régissent la société, en dépit de la volonté de l'homme et malgré ses passions.

Nous le dirons avec une hardiesse sans mérite, à la suite d'un député, M. Laffitte, qui a su s'élever si haut dans l'opinion de tous, en ne craignant pas de proclamer hautement ses regrets à la tribune ; c'est de la véritable grandeur!...

L'œuvre constituante de la révolution de juillet n'a point répondu à l'attente de ceux qui l'ont faite ; son point de départ n'a pas été meilleur que celui de la restauration, qui s'était arrogé le droit d'octroyer une Charte à ses peuples (Charte qui renfermait en elle tous les germes de destruction).

Sous la restauration, il y a eu de grandes fautes de commises; ces fautes ont précipité du trône ceux qui l'occupaient. Partis d'un précédent impossible, il était impossible qu'ils y restassent tranquillement assis, bien qu'il ait fallu des circonstances inouïes pour les en précipiter, tant est grande et puissante, malgré tout, la force du principe qui leur avait mis en main l'autorité!... Qui sait si une révolution n'était pas nécessaire pour arracher la France et la couronne aux voies mensongères où 'elles s'étaient trouvées forcément engagées!... Mais disons avec la même impartialité qu'il y eut aussi de grandes choses accomplies sous cette restauration : la France fut évacuée, des sommes énormes acquittées, les bourses des particuliers se remplirent, et le trésor s'enrichit; de grandes iniquités furent réparées, de longues haines asssoupies; un dégrèvement considérable fut opéré; le crédit ébranlé prit un nouvel essor; de grandes économies furent faites, et un ordre imposant fut rétabli dans nos finances par cet homme si grand dans la retraite, si grand par son silence, et que la Providence réserve encore à servir utilement son pays. Cet homme modeste et patient a laissé à

ceux qui l'ont attaqué avec le plus d'acharne-
ment, le soin de le justifier hautement. Dieu
ne voudra pas que les importantes réflexions
auxquelles se livre sans doute M. de Villèle,
appuyé sur le timon de la charrue, restent
à jamais inutiles à son pays!...

Mais la restauration elle-même a été vengée, et plus d'une justice précieuse lui a été
rendue par ceux - mêmes qui long - temps
s'étaient posés ses adversaires.

Après le langage de cet homme dont le
génie imposant n'est suspect à aucune opinion, qu'oserait-on dire sur la restauration,
vengée par une si puissante éloquence des
reproches les plus importans ?

Certes, M. le vicomte de Châteaubriand
a suffisamment prouvé : 1° que la restauration n'avait jamais été l'œuvre de l'étranger ;
2° qu'elle n'avait jamais été à sa solde ;
3° qu'en respectant ses alliances, elle avait
su s'en séparer hardiment, toutes les fois
que la grandeur ou l'intérêt du pays avait ré-
clamé son indépendance. Navarin, la Grèce
et la guerre d'Espagne sont de ces preuves
qu'il ne suffit pas de nier pour les anéantir.

Ce n'est point ici le lieu de nous étendre sur cet ouvrage qui est aujourd'hui dans les mains de tout le monde. Si nous nous taisons sur quelques lignes qui nous ont affligés, c'est que nous sommes convaincus qu'échappées à la brillante imagination du poète, elles disparaîtront infailliblement devant la haute pensée, la loyauté, la conscience et la raison du grand citoyen qui a voulu dire la vérité à la France, du haut du trône littéraire où elle l'a placé.

Revenons à la situation du pouvoir. Chacun sent, en le craignant peut-être, qu'un dénouement quelconque est devenu infaillible; le pouvoir, contrarié par la fausseté d'une position première, est devenu, peut-être malgré lui, inconséquent et téméraire; tout lui est impossible; et si l'on parvient à le désarmer, c'est son existence elle-même qu'on remet de fait en question.

Le ministère, battu en brèche, ne se soutient plus que par sa faiblesse, par l'impossibilité où l'on est d'en nommer un autre, et aussi par une position forcée, que redoutent également tous ceux qui pourraient être appelés à le remplacer. Il semble qu'on ne le conserve en place que pour achever entre ses mains débiles la déconsidération, et par suite la chute même du pouvoir. Si telle n'est point l'intention de ceux qui agissent, telle sera du moins le résultat de leurs actes. Je dis un fait, je n'exprime point une opinion.

Faire rejeter par la Chambre des pairs la loi sur les rentes est une bien grosse affaire; et cependant cette loi, telle qu'elle est, est mauvaise, et il serait fâcheux qu'elle passât.

L'accepter dans la Chambre des députés pour la faire ensuite refuser par le troisième pouvoir, c'est se donner un vernis de déloyauté qui entame la considération des ministres; c'est compromettre sans retour la pairie.

Casser la Chambre des députés dans les conditions actuelles, c'est s'exposer à la certitude d'en avoir une bien plus embarrassante encore, plus exigeante et plus conséquente au principe du gouvernement de juillet, qu'elle veut faire triompher à tout prix avec toutes ses conséquences, aussi effrayantes pour le pouvoir que pour la société.

Les suites évidentes pour tout le monde d'un conflit pareil à celui qui a perdu la restauration, seraient-elles imposées par la justice éternelle comme la peine du talion, comme une mémorable leçon ?

Le pouvoir, acculé dans ses derniers retranchemens, essaiera-t-il des coups d'Etat ?

La chute de la branche aînée lui interdit cette ressource; tout est une difficulté ou un danger : cependant la situation actuelle ne peut durer, et elle est devenue une impossibilité morale et matérielle.

Ce ne serait rien d'avoir démontré les périls de la situation, si nous n'essayions de chercher un remède, en indiquant le moyen de sauver la société, indépendamment de tout esprit de parti. La société est en danger, et c'est elle que nous voulons nous occuper de préserver, avec ce cœur tout Français qui porte en lui l'amour de la patrie, et la plus invincible répulsion contre toute influence étrangère. Ce sont ces sentimens qui ont dominé toutes nos pensées comme toutes les actions de notre vie.

Aussi, quand nous aurions pu parfois nous égarer, pouvons-nous espérer quelque indulgence pour la pureté de nos intentions.

Si le pouvoir démocratique triomphe, c'est la mort de la société ; car, impérieux et irréfléchi de sa nature, il ne pourra s'arrêter dans sa marche, et toutes les bases sociales seront ébranlées. Si le pouvoir monarchique essaie d'user arbitrairement de la force qu'il croit encore avoir en main, il succombera tôt ou tard dans la lutte qu'il engagera. L'anarchie est également au bout de ses moyens ; et les hommes sages de tous les partis doivent redouter un désordre qui compromettrait tous les intérêts, de quelque nature qu'ils soient. Le ministère actuel peut-il se soutenir dans la situation présente ? Non, et il a trop d'esprit pour ne pas le comprendre : le pouvoir parlementaire ne s'arrêtera point ; et après lui avoir tout refusé, la Chambre finira par le renverser ; aussi a-t-il voulu plusieurs fois se retirer.

La restauration, en choisissant quelques-uns de ses ministres parmi les plus habiles de l'opposition, tels que les Casimir Périer, les Foy, les Laffitte, les Sébastiani, eût, sans nul doute, évité, ou du moins reculé une catastrophe : nous le lui avons dit plus d'une fois; mais alors on était ambitieux du ministère, et aujourd'hui on l'est du pouvoir suprême. Pourquoi avoir dit au peuple qu'il était souverain, et pourquoi avoir déifié la révolte? Le peuple ou le pouvoir démocratique croit user légitimement aujourd'hui du droit qu'on lui a reconnu; et s'il n'a pas pour lui la raison, il a du moins la logique. Nommer aujourd'hui un ministère d'opposition, c'est renoncer à gouverner, se mettre en guerre avec l'Europe, et en résumé abdiquer de fait.

Conserver le ministère actuel est impossible.

Nommer un ministère Soult, c'est gouverner avec un homme de cœur, mais c'est enfin essayer de trancher avec l'épée les difficultés, et l'épée d'acier ne trouve pas prise contre l'épée de la parole tribunitienne.

On a reconnu le danger des coups d'Etat.

Que MM. Thiers et Guizot marchent ensemble ou séparément, point de majorité pour eux comme ministres dans la Chambre; et le gouvernement par la Chambre n'est pas plus possible que le gouvernement par le roi : on ne peut régner ni par l'anarchie ni par l'arbitraire.

Charger M. Thiers de composer un cabinet, c'est déclarer la guerre au-dehors, et s'enfoncer tête baissée dans l'ornière révolutionnaire, dont on s'est efforcé de sortir. Cependant, je le répète, le ministère actuel est impossible, et après lui aucun ministère n'est possible avec la Chambre : tout paraît donc et est en réalité impossible ; car dans les conditions données, on ne peut songer à casser la Chambre sans un danger réel. Au bout de chaque issue est un danger, une impossibilité ou un abîme.

Cependant, je vais indiquer, dans ma conscience, et d'après une conviction aussi profonde qu'indépendante, la seule ressource qui soit offerte au pouvoir, la seule qui puisse sauver la société, en faisant

triompher le principe d'ordre et de conser-
vation.

L'idée de la réforme électorale est déjà
dans toutes les pensées, comme l'était aussi
la réduction de l'intérêt. Que le ministère
apporte une loi sur des bases plus larges et
plus étendues, avec deux degrés, dont le
premier dans la commune ; là il trouvera la
France territoriale ; il domine la démocratie
par son principe même ; de cette manière
le pouvoir a chance de se sauver, et il est
sûr de sauver la monarchie et la France.

Qu'il abolisse un serment qui exclut
les défenseurs de l'ordre, qu'il l'abolisse
du moins pour les électeurs, s'il veut le laisser pour les députés. Qu'il reconnaisse le
droit de tous. Qu'il ose appeler la société
tout entière au salut de la société ; que
loin d'expulser ceux qui ont le plus d'intérêt
à l'ordre, et qui ne peuvent que perdre aux
révolutions, il les appelle franchement au
secours de l'ordre ébranlé ; qu'il cherche
dans toutes les supériorités, dans toutes les
illustrations comme dans toutes les aristo-
craties, de quelque nature et de quelque

origine qu'elles proviennent, un juste con-
trepoids au pouvoir démocratique, pouvoir
envahissant de sa nature, alors il aura bien
mérité de la patrie ; tous les esprits éclairés
lui rendront justice ; il aura compris les né-
cessités du présent comme les éventualités
de l'avenir ; et son nom se trouvera inscrit
sur ces pages que la postérité lit avec res-
pect, et qu'aucune chance ne peut effacer.
La garde nationale, cette partie puissante,
estimable et tranquille de la nation, qui veut
l'ordre et court aux armes avec zèle quand
il s'agit de combattre le désordre ; corps
imposant par son esprit comme par sa com-
position, et dont la dissolution intempes-
tive amena la chute du trône de Charles X ;
la garde nationale s'étonne aujourd'hui ,
avec raison, qu'on ne la trouve pas digne de
figurer dans les élections. On sait bien lui
demander son temps et son sang ; qu'on
ne lui refuse pas un vote qu'elle a le droit
de réclamer : son bon esprit peut encore
sauver l'ordre public, et cette fois sans effu-
sion de sang.

Qu'on réforme donc la loi électorale,

afin d'introduire dans la question politique des élémens qui ne s'y trouvent pas aujourd'hui. Le salut est là, ou il n'est nulle part. Le ministère aurait-il la résolution courageuse qu'exigerait cette grande mesure ? M. Molé, en un mot, marchera-t-il hardiment dans cette route nouvelle que tous les intérêts réclament également de lui ? Ne regardera-t-il ni au-dessus ni à côté de lui ? S'il le fait, quel triomphe, quelle gloire attachée à son nom ! Et s'il était possible qu'il succombât dans ce noble combat, jamais chute n'aurait été plus illustrée, plus digne d'être enviée, et les générations rediraient son nom avec éloge et envie. Puisse une pareille gloire le tenter ! Puissions-nous lui devoir un tel bienfait ! Le lui proposer, c'est prouver que nous le croyons digne de cette généreuse pensée.

J'ai fini, et je crois m'être exprimé avec modération et avec impartialité comme citoyen, comme Français et comme homme politique : puissent mes profondes convictions passer dans l'esprit de ceux qui me liront !

S'il m'était permis d'ajouter un mot comme chrétien, je dirais : Non, quelque chose que fasse l'homme, la société chrétienne ne périra pas ; et cette Providence qui, dans sa haute sagesse, a tiré le monde du chaos, cette Providence saura encore faire jaillir la lumière des ténèbres ; et si, dans ce conflit de toutes les opinions, de toutes les idées, de tous les intérêts, l'homme se refusait à cette œuvre de salut, eh bien! à Dieu soit toute la gloire! Seul, il triomphera ; seul, il fera surgir la vérité ; et, à sa voix toute puissante, les ténèbres s'évanouiront, les montagnes s'aplaniront, et les vrais principes nous apparaîtront comme l'ancre de salut après le naufrage, comme l'arc-en-ciel après la tempête, et enfin, comme ce fanal sauveur et conservateur qui annonce le port.

Alors les esprits, confondus et éclairés comme malgré eux, admireront et adoreront cette main puissante qui, encore une fois, aura sauvé le monde en régénérant la société.

Le vicomte DE LAROCHEFOUCAULD.

Comme j'achevais cet écrit, je reçus une lettre d'un homme dont, certes, le dévouement au gouvernement actuel ne peut être suspect.

Voici ce qu'il me mande :

« Si je ne craignais que vous ne prissiez
« pour une concession de principes l'aveu
« du mécontentement que me donne la
« marche des affaires, je vous dirais que je
« suis outré de la conduite du ministère.

« C'est à sa faiblesse qu'il faut attribuer
« la nouvelle atteinte que la Chambre vient
« de porter à la considération du gouverne-
« ment, par son vote sur la loi de conver-
« sion. Cette tendance du pouvoir législatif
« à envahir la puissance administrative, me

« semble pleine de dangers. Si la Chambre
« continue dans cette voie, après avoir
« prouvé l'inutilité des ministres, elle fera
« tomber aussi le dernier prestige de la
« royauté ; et alors, pas plus de branche
« aîné que de branche cadette ; la républi-
« que serait à nos portes. Cet état de choses
« a de quoi effrayer, et je vous avoue que
« je vois fort en noir. »

Cette opinion d'un homme distingué, qui
a commencé par voir tout en beau, est loin
d'être sans importance.

Moins sévère que lui, je n'accuse point
les ministres, mais j'attribue tous les embarras et tous les dangers de la situation actuelle à la fausseté du point de départ,
comme à la logique des faits, contre la-
quelle la volonté de l'homme est impuis-
sante.

Ainsi que lui, je ne crois pas à l'établisse-
ment possible de la république ; le pays
n'en veut pas plus que du désordre et de la
guerre civile et étrangère, qui en seraient une

conséquence immédiate ; mais je redoute cette anarchie morale, le pire des maux, si l'on ne prend le seul moyen qui reste pour s'opposer au développement d'un principe qui l'amènerait infailliblement. Hors de là, tout est impossible, et ce moyen seul peut sauver la société.

FIN.